Henner Quest Gabriele Dal Lago

Horch, da kommt der Himmelsschlitten!

Meine ersten Weihnachtsgeschichten

Arena

Der Himmelsschlitten

Endlich hatte es der Weihnachtsmann geschafft. Sein Himmelsschlitten war voll bepackt mit allen Geschenken, die Hirsche waren vorgespannt; nun konnte es losgehen.

Der Weihnachtsmann stieg auf den Schlitten, und gerade als er mit der langen Peitsche knallen wollte – da fiel es ihm siedend heiß wieder ein: Das wichtigste Geschenk für Benjamin, den Spielzeugtraktor, den hatte er in der Eile in der Himmelswerkstatt vergessen! »Bin gleich wieder da!«, rief er den Hirschen zu, sprang vom Schlitten, und schon war er verschwunden.

Der Himmelsschlitten

Genau in diesem Moment kamen zwei Englein vorbei, nun ja, zwei ziemlich wilde Englein, die gerade Fangen spielten. Da stand er, der himmlische Schlitten, ganz verlassen auf einer Wolke abgestellt. Neugierig flogen die zwei Englein näher. Sie staunten über die vielen Geschenke, die so wundervoll eingepackt waren, und streichelten vorsichtig über das Fell der herrlichen Hirsche.
Da hatte eines der Englein eine Idee:
»Komm, lass uns nur einmal im Kreis herumfahren! Was meinst du, wie unsere Freunde staunen werden, wenn wir erzählen, dass wir ganz allein mit dem Schlitten des Weihnachtsmanns gefahren sind.«

Der Himmelsschlitten

Schon waren die beiden auf dem Schlitten. »Das sind die Zügel – du nimmst jetzt den einen und ich den anderen, und dann brauchen wir nur noch mit der Peitsche zu knallen!« Kaum hatte das freche Englein das getan, sausten die Hirsche los. Und wie! So schnell ging das, dass die Englein einen Riesenschreck bekamen. Eines zog rechts am Zügel, das andere zog links am Zügel. So liefen die Hirsche im wilden Zickzack durch den Himmel. Die Geschenke flogen im hohen Bogen vom Schlitten. Ängstlich riefen die Englein: »Halt, halt!«, und zogen an den Zügeln.

Der Himmelsschlitten

Gott sei Dank kam eben der Weihnachtsmann zurück und sah sofort, was die Englein da anstellten. Er hatte gar keine Zeit die Englein auszuschimpfen, jetzt musste ihm schnell etwas einfallen! Schon hatte er aus seinem dicken Mantel ein silbernes Pfeifchen hervorgeholt, das nur für Notfälle bestimmt war. Aus Leibeskräften blies er hinein.
Da kamen von allen Seiten Engel geflogen.
Der Weihnachtsmann rief ihnen zu:
»Die Geschenke fallen zur Erde, sie werden alle im Meer versinken! Schnell, fliegt ihnen nach und fangt sie auf! – Und noch etwas: Gebt sie gleich dort ab, wo sie hingehören. Geschwind, geschwind!«

Molly Feldmaus

Molly Feldmaus ist mit einer Schachtel voll goldener Weihnachtsnüsse im Wald unterwegs, als es anfängt zu schneien. Zum ersten Mal sieht Molly Feldmaus Schnee. Sie legt ihre Schachtel auf den Waldboden und beobachtet die vielen Schnee-flöckchen, wie sie vom Himmel auf den Boden herabtanzen. Molly Feldmaus ist so begeistert, dass sie vergisst, die Schachtel nach Hause zu tragen. Sie tanzt so lange mit den Schneeflöckchen mit, bis sie müde in den Schnee fällt.

Molly Feldmaus

Erst jetzt bemerkt Molly Feldmaus, wie viel Schnee gefallen ist. Sie kann ihre Schachtel nicht mehr finden. Sie sucht hinter jedem Strauch, hinter jedem Baum, aber der Schnee hat die Schachtel ganz zugeschneit.
Müde, nass und hungrig schlüpft Molly Feldmaus unter eine dicke Wurzel. Sie ist schon ganz steif vor Kälte, und als es dunkel wird, fängt sie bitterlich an zu weinen. Plötzlich hört sie eine Stimme: »Hallo, liebe Feldmaus, geh doch mal ein Stück zur Seite, du stehst auf meiner Vorratskammer.«

Molly Feldmaus

Molly Feldmaus öffnet langsam ihre verweinten Augen und sieht ein Eichhörnchen mit goldenen Nüssen in den Pfoten. Noch ehe Molly Feldmaus etwas sagen kann, fällt sie um, ganz steif vor Kälte. Das Eichhörnchen ist sprachlos. Doch dann wird ihm klar, was zu tun ist. Es wickelt Molly mit seinem großen, pelzigen Schweif ein und wärmt sie. Beide schlafen eng aneinander gekuschelt die ganze Nacht unter der Wurzel, und endlich ist es Molly Feldmaus wieder warm.
»Wo hast du die goldenen Nüsse gefunden?«, fragt Molly, als sie aufwacht.

»Die sind dem Nikolaus gestern vom
Schlitten gefallen«, schwärmt das Eichhörnchen.
»Nein, nein!«, sagt Molly Feldmaus, »ich habe die Nüsse als Weihnachtsgeschenk für Mama und Papa angemalt.«
»Ein tolles Weihnachtsgeschenk«, sagt das Eichhörnchen. »Komm, ich weiß, wo deine Schachtel liegt.«
»Ohne dich«, lacht Molly Feldmaus, als sie die Schachtel wiederhat, »hätte ich meine Nüsse nie wieder gefunden. Du darfst dir so viele Nüsse nehmen, wie du tragen kannst, und nächstes Jahr – nächstes Jahr bekommst du wieder goldene Nüsse von mir.«

Der Weihnachtsbesuch

Es hat geschneit.
Der Fuchs und der Hase klopfen an die Höhlentür vom Bären.
»Ruhe!«, brummt der Bär. »Ich fange gerade meinen Winterschlaf an.«
»Und Weihnachten?«, fragt der Fuchs.
»Feierst du Weihnachten nicht mit? Wir wollten doch unsere Verwandten einladen«, sagt der Hase. »Die aus dem kalten Norden. Die genauso aussehen wie wir, bloß dass sie ein weißes Fell haben.«
»Tolle Idee«, brummt der Bär, »ich schreibe die Einladung, und dann lege ich mich noch ein bisschen aufs Ohr. Weckt mich auf, wenn sie da sind.«

Der Weihnachtsbesuch

Die Möwe fliegt den Brief mit der Einladung nach Norden, dorthin, wo es fast immer Winter ist.
Der Eisbär, der Polarfuchs und der Schneehase sind erstaunt und sehr erfreut über die Einladung ihrer Verwandten aus dem Süden.
Sofort machen sie sich auf den langen Weg. Und schließlich, genau an Weihnachten, kommen sie an.
Was ist das für eine Mühe, den Bären aufzuwecken!
»Ihr seid ja wirklich ganz weiß!«, schnauft er und reibt sich immer noch die Augen.

Der Weihnachtsbesuch

Der Bär schaut den Eisbären an:
»Und du bist ja auch viel größer als ich!«
»Und du hast ein viel dickeres Fell als ich«,
sagt der Fuchs zum Polarfuchs.
»Meine Ohren sind ein bisschen länger
als deine«, kichert der Hase und schaut
den Schneehasen an.
Alle lachen.
Der Fuchs und der Hase schleppen einen
kleinen Tannenbaum in die Bärenhöhle.
Dann schmücken sie ihn, es gibt Plätzchen,
viel Honig, leckere Nüsse und einen
Bärenpunsch.

Der Weihnachtsbesuch

»Fröhliche Weihnachten!«, sagen Bär,
Fuchs und Hase.
Die Tiere aus dem Norden sind begeistert.
»So etwas Schönes haben wir noch nie
gesehen«, sagen sie.
Nach einer Weile laufen dem Eisbären
dicke Schweißtropfen von der Nase.
»Mir ist so heiß!«, stöhnt er,
»mein Fell ist so dick!«
Zusammen mit dem Polarfuchs läuft er
aus der Höhle. Beide werfen sich in
den Schnee und kullern darin herum.
Zur Abkühlung.

Als aber Bär, Fuchs, Hase und Schneehase aus der Höhle kommen, was sehen sie? Direkt vor ihnen steht ein Schneehaus, kugelig wie ein Ball.
»Wozu braucht ihr so einen riesigen Schneeball?«, fragt der Fuchs.
»Das«, lacht der Polarfuchs, »ist unser Haus, ein Iglu.«
»In eurer warmen Höhle können wir nämlich nicht schlafen«, sagt der Eisbär.
In dieser Nacht schlafen alle friedlich im Schneehaus.
Friedlich? Hm.
Die Bären schnarchen ein bisschen.

»Auch ganz gemütlich hier«, murmelt der Fuchs noch kurz vor dem Einschlafen.
»Und nächstes Weihnachten laden wir euch zu uns in den Norden ein!«, sagen Eisbär, Polarfuchs und Schneehase.

Das Sternchen

Aufgeregt lief das Sternchen von einer Wolke zur anderen. Es wollte ganz genau sehen, was bei den Kindern an Weihnachten passierte.
Es wäre so gerne einmal dabei gewesen, wenn die Kinder unter dem Weihnachtsbaum sitzen und ihre Geschenke auspacken. Aber das Sternchen saß hoch oben im Himmel, und die Kinder waren da unten auf der Erde.
Als es nun dunkel geworden war und überall auf der Erde Kerzen und Lichter angezündet wurden, da beugte sich das Sternchen ganz weit über seine Wolke hinaus und fiel, oje, hinab auf die Erde. Da lag es nun mitten im Schnee und konnte nichts mehr sehen.

Das Sternchen

Auf einmal kam eine warme, weiche Schnauze auf das Sternchen zu und schnupperte daran. Es war der kleine Hund Jasper, der das Sternchen in seinem Maul nach Hause trug und unter den Weihnachtsbaum legte. Es kitzelte fürchterlich, als er es mit seiner Zunge ableckte und blitzeblank putzte.
»Das ist der schönste Stern, den wir je gesehn haben«, jubelten die Kinder, »der muss ganz oben in die Spitze vom Weihnachtsbaum!«
Seit dieser Zeit sitzt das Sternchen jedes Jahr auf dem Weihnachtsbaum und schaut den Kindern beim Weihnachtsliedersingen und Geschenkeauspacken zu, genau so, wie es sich das Sternchen immer gewünscht hatte.

Das Häschen

Das kleine Häschen hatte einen Wunschzettel geschrieben und lief zum Briefkasten, um ihn einzuwerfen.
»Liebes Christkind«, schrieb das Häschen, »es ist so kalt, bitte schick mir ein Paar Söckchen, Schuhe und einen dicken Pullover, einen Schal und eine Mütze.«
Auf dem Heimweg verirrte sich das Häschen und legte sich frierend und wimmernd unter einen Haufen aus Zweigen und Laub und weckte den Igel auf, der seinen Winterschlaf hielt.

Das Häschen

Gerade wollte er seine kurzen Beine ausstrecken und weiterschlafen, als er jemanden weinen hörte.
Neugierig schlüpfte er aus seinem Bett und schaute aus dem Fenster. Er nahm einen dicken Schal und wickelte ihn um das frierende Häschen.
»Du hast dich wohl verlaufen?«, fragte er.
»Ja, ich will zu meiner Mama!«
»Vielleicht weiß jemand im Wald, wo du wohnst«, sagte der Igel. Und er zeigte dem Häschen den Weg zur Dachsfamilie nebenan.

Das Häschen

»Nein«, sagte die Dachsmama, »ich kenne deine Mama nicht.«
Aber sie schenkte ihm einen Pullover, weil es gar so fror.
»Dann fragen wir das Wiesel«, sagte der Igel.
»Nein«, sagte das Wiesel, »deine Mama kenne ich nicht«,
und schenkte dem Häschen ein Paar Socken.
»Vielleicht wissen die Rehe, wo du wohnst«, tröstete der Igel
das Häschen.

Aber die Rehe kannten seine Mama auch nicht. Doch schenkten sie ihm das Paar Schuhe, das sie im Wald gefunden hatten.
»Der Fuchs, der weiß alles«, sagte der Igel.
Aber das Häschen hatte Angst vor dem Fuchs.
»Du brauchst keine Angst zu haben«, beruhigte es der Igel, »es ist Weihnachten, und alle Tiere helfen einander.«
Der Fuchs überlegte, aber auch er konnte dem Häschen nicht helfen, und schenkte ihm eine Mütze.

Traurig und mit gesenktem Kopf trottete das Häschen hinter dem Igel her.
»Da, da«, rief es plötzlich, »da sind Mamas Fußspuren im Schnee!«
»Dann finden wir sie auch«, beruhigte es der Igel.
Und so war es. Die Häschen-Mama hatte sich schon große Sorgen gemacht.

Das Häschen

»Ich hab doch nur den Wunschzettel an das Christkind weggebracht«, flüsterte das Häschen und kuschelte sich an seine Mama.
»Was stand denn auf dem Zettel?«, fragte Mama Hase.
»Pullover, Mütze, Schal, Schuhe und Söckchen«, zählte das Häschen auf, »weil ich immer so friere.«
Häschen stutzte, dann machte es vor lauter Freude einen Riesensatz.
»Schau, Mama, schau – ich hab ja alles schon«, lachte es, »danke, liebes Christkind!«

978-3-401-50401-8

978-3-401-50402-5

978-3-401-50403-2

Arena

Jeder Band:
24 Seiten • Broschiert
www.arena-verlag.de